BEI GRIN MACHT SICH IHR
WISSEN BEZAHLT

Tobias Molsberger

Einführung in die griechische Geschichte

Vorlesungszusammenfassung: Vorlesung der Uni Gießen im Wintersemester 2010/2011

GRIN Verlag

Bibliografische Information der Deutschen Nationalbibliothek:

Die Deutsche Bibliothek verzeichnet diese Publikation in der Deutschen National-
bibliografie; detaillierte bibliografische Daten sind im Internet über http://dnb.d-
nb.de/ abrufbar.

Impressum:

Copyright © 2011 GRIN Verlag GmbH
Druck und Bindung: Books on Demand GmbH, Norderstedt Germany
ISBN: 978-3-656-71017-2

Dieses Buch bei GRIN:

http://www.grin.com/de/e-book/278106/einfuehrung-in-die-griechische-geschichte

GRIN - Your knowledge has value

Der GRIN Verlag publiziert seit 1998 wissenschaftliche Arbeiten von Studenten, Hochschullehrern und anderen Akademikern als eBook und gedrucktes Buch. Die Verlagswebsite www.grin.com ist die ideale Plattform zur Veröffentlichung von Hausarbeiten, Abschlussarbeiten, wissenschaftlichen Aufsätzen, Dissertationen und Fachbüchern.

VL 1: Die Gegenstände: Raum und Zeit

- in allen nachantiken Gesellschaften Rückgriffe auf Antike:

→ siehe Renaissance durch Wiederbelebung antiker Ideale

- griech. Antike als normsetzende Instanz

    → Vermehrung des Wissens/Vervielfältigung antiker Texte durch Buchdruck

- jedoch bis heute: griech. Antike omnipotent (Aristokratie, Demokratie…)
- „Griechen lebten in freiem Gemeinwesen"
- Ab 4. Jh. freie Poleis verlieren an Einfluss → Untergang altgriech. Kunst
- Ab 1850 erste Lehrstühle für Alte Geschichte; Geschichtslehrerausbildung

Antike:

- Ca. 1200 v. Chr. – ca. 500 n. Chr.
- Beginn; Untergang der mykenischen Palastkultur um 1200 v. Chr.
- 776 Beginn der Olympiade und damit der Zeitrechnung

    → Datierung nach Olympiaden (alle 4 Jahre) oder nach Amtszeiten von Beamten (lokal)

    → Verständigung zwischen Helenen, Kommunikation

- Auch Datierung nach Entstehung der Alphabetschrift um 800 durch Phönizier
- Ende der Antike

    - 306 n. Chr. Konstantin d. Große konvertiert zum Christentum

    - 476 Absetzung des letzten weström. Kaisers

    - 565 Tod des letzten oström. Kaisers

    - 711 Arabische Eroberung Spaniens

    - 800 Krönung Karls des Großen

Gliederung griech. Geschichte

- Dunkle Epoche (1200 – 800 v. Chr.)

    - Untergang mykenischen Paläste

    - Bevölkerungsrückgang, Verlust von Schrift und Kultur („dark ages")

    - kaum Quellen/Material

- Archaische Epoche (800 – 500 v. Chr.)

    - Zeitalter der Experimente

    - Entfaltung/Konsolidierung (Festigung) der Polis

        → Fläche einer Stadt, begrenzte Einwohnerzahl

→ Innen- und Außenpolitik, autonom, eigene Verfassung, eigenes Geld, eigene Flotte,

- Polis als prägendste Staatsform

→ räuml. und personale Einheit

- Grundmuster

→ Volksversammlung aller männlichen Vollbürger

→ Beamten/Ratsorgane

- Große Kolonisation

→ Neugründung griech. Städte überall am Mittelmeer/Schwarzen Meer

- **Klassische Zeit (500 – 338 v. Chr)**

- Epoche des Krieges

→ Peloponnesischer Krieg (Athen vs. Sparta 431-408 v. Chr.)

→ Sieg über Perser (Perserkriege)

→ Niederlage Athens gegen Alexander d. Großen

- **Hellenismus (334 – 31 v. Chr.)**

- Eroberung des Perserreichs unter Makedonenkönig Alexander dem Großem

→Reich, das schnell zerfällt

- Augustus übernimmt Ägypten als römische Provinz; Tod Kleopatras

Dimension des Raumes

- Antike Kulturen v. a. im Mittelmeerraum ansässig

- Ab 600 Kontakte von Mittelmeer- und Schwarzmeerregion

→ Klima günstig für Landwirtschaft; jedoch nur begrenze Anbauflächen

- Kulturlandschaften vielfältig, v. a. in Küstenregionen

- Ab 700 Kolonisation Italiens aufgrund günstiger Bedingungen

- Größte Polis: Athen; im 5. Jh. 30.000 – 35.000 Vollbürger, insg. 200.000 Einwohner

→ die meisten Polis eher klein, aber von ähnlicher Struktur

→ Kommunikation nur durch Schifffahrt möglich

VL 2: Quellen und Materialien

- Geschichtswissenschaft stets quellenorientiert

- Viele Zeugnisse gehen verloren durch:

→ Zerfall, Katastrophen, Raub, gezielte Zerstörung

→ Desinteresse, Selektion

- Selektionsprozess heute nicht mehr nachvollziehbar; Gründe unbekannt

- In Antike auf Papyrus geschrieben → Unikate

- Im Mittelalter durch Mönche in Klöstern kopiert

→ nur solche Dokumente, die mit mittelalterlichem Weltbild vereinbar sind

- Seit Neuzeit Vervielfältigung durch Buchdruck

→ jedoch keine Handschriften, sondern aus MA, Neuzeit stammend

- Andererseits: einige obszöne griech. Komödien überliefert

- Funde meist in Bronze und Stein gemeißelt; Marmortafeln z. T. „recycelt" und zu Gips für Hausbau verarbeitet

Literarische Zeugnisse:

- Historiographen: Geschichtsschreibung

  - helfen andere Gattungen einzuordnen

    → Konstruktion der Vergangenheit

    → kein systematisches Studium älterer Quellen

    → je nach Zeitspanne z. T, Rückgriff auf ältere Quellen

  - Historiografen als Bewahrer:

    → Grenzen v. Fakten u. Fiktion verschwimmen

    → Bedürfnisse des jeweiligen Publikums befriedigen

  - Geschichte als Deutung und Sinnstiftung

  - Antike Werke personalisieren geschichtliche Entwicklung (Gestalten als Akteure)

- Herodot (484 – 424 v. Chr.)

  - antiker Vater der Geschichtsschreibung

  - verlässt Heimat in Kleinasien in Richtung Italien

  - Kontakte zur Sophokles und Perikles; Vorlesungen in Athen

  - 424 Werk über Perserkriege (geograf. Details, Exkurse zu einzelnen Völkern)

  - Entwicklung der Polis; weite Reisen durch Mittelmeerraum

  - Methode: „Alles Gehörte berichten, nicht alles Gehörte glauben"

- Thukydides (Athen: 460 – 400 v. Chr.)

  - vermögende Oberschicht, Geschichte eines großen Kriegs zwischen Sparta und Athen 434-411 v. Chr.

  - nüchtern-distanzierte Sichtweise

  - Chronologie; Reden von politischen Akteuren

    → schreibt wie er meint, wie ein Akteur gesprochen habe

- Methodenkapitel, jede Information wird geprüft; Verzicht auf Poetik

→ beide Autoren Phase der attischen Demokratie

- **Xenophon (426 – 362 v. Chr.)**

  - Anschluss an Thukydides

  → Ende der innergriechischen Konflikte

  - weniger systematisch, abwechslungsreich, keine Methoden

  - Verehrer spartanischer Erziehungsideale

- **Polybios (200 – 120 v. Chr.)**

  - aus Megapolis, Vater aus Führungsschicht

  - durch Geiselnahme Hauslehrer für römische Familie

  - Zweisprachigkeit Latein/Griechisch der Familie

  → röm. Interesse an gr. Literatur; Erziehung auch in Rhetorik

  → Polybios willkommen in römischer Familie

  → fasziniert an Rom

  - Eroberung Griechenlands durch Römer

  → Universalgeschichte der Eroberung durch Roms 264 – 164 v. Chr.

  - 6. Buch: Analyse des politischen Systems der Römer

  → Erfolg, denn Mischform aus Monarchie, Demokratie und Aristokratie

  → Beschreibung von Sozialistationsritualen Jugendlicher

  - klare Überlegenheit der Römer

  - Geschichtsschreiber muss politische/militärische Erfahrung haben; dem Paradoxen zuwenden

VL 3: Quellen und Materialien (2)

- **Plutarch (45 – 120 n. Chr.)**

  - Reisen nach Alexandria, Studium in Bibliothek

  - kein Historiker, moralisch-philosophische Traktate

  - Parallelbiografien (Vergleiche großer Griechen und Römer)

  - Darstellungsabsicht: Bilder zeichnen, keine Geschichtsdarstellung

  - Lebensgeschichten durch Spekulationen und Verweise gekennzeichnet

  - zitiert politische Reden

→ Kommunikation in erster Linie mündlich, Entscheidungsfindung mündlich

- Griechische Lyrik

  - Homer (nach Überlieferung der Schriftsprache)

  - Solon, Tyrtaios, Alkaios

  - Texte öffentlich als Lieder vorgetragen (auf Marktplatz, Kritik an Missständen)

  - Tragödie und Komödie zu Ehren der Götter in Amphitheatern aufgeführt

  → großes Publikum, Thematik von allgemeinem Interesse

  - Tragödie: Stoffe der mythischen Vergangenheit; Probleme des Zusammenlebens

  - Komödie: Skandale angeprangert, Kritik und Spott an namentlich genannten

  Griechen

- Fachliteratur

  - Biographie antiker Mittelmeerwelt durch Geografen

  → Hektaios, Strabon, Pausanias

- Inschriften

  - aus Stein und Metall

  - zeitgenössische Dokumente, Ergänzung zur Geschichtsschreibung

  - Beschlüsse zuerst auf Papyrus, dann auf in Stein gemeißelt zur öffentlichen
  Ausstellung; Grabinschriften weniger wichtig

  - Wissenschaft der Inschriften: Epigrafik

- Archäologische Zeugnisse

  - Darstellung von Geschichte

  - Grabweihgaben, Keramiken

- Papyrologie

  - Schreibmaterial nur in Ägypten hergestellt → Pflanze konnte nur am Nil gedeihen

  - heute: Bibliotheken von erhaltenen Papyrusrollen

  - Mumienkartonagen aus Altpapyrus

  - 300 v. Chr. – 700 n. Chr. Bleibt Griechisch in Ägypten Verkehrssprache

  - Griechenland ab 31 n. Chr. römische Provinz

  - Literatur auf Papyrus große kulturelle Bandbreite; Ilias am häufigsten abgeschrieben

  → Kinder lernten an Ilias Lesen und Schreiben

- Papyri auch im Alltagsleben unerlässlich; Haushaltszählungen (heute Volkszählung)

- Münzkunde

- jede Polis eigene Münzen geprägt (ca. 1400 verschiedene)

- vor 6. Jh. v. Chr.: prämonetäre Geldmittel wie Tauschhandel

- jede Stadt Charakteristik auf eigenem Geld → jede Münze Polis zuordbar

VL 4: Die Anfänge: Vom Palast zur Polis
- Langer Prozess mit Krisen/Zäsuren; Griechenland als Wiege Europas
- Mykenische Palastkultur:

- Burganlage Mykene, Blütezeit: 14./13. Jh. v. Chr.

- monumentale Architektur: Städte wie Pyles, Sparta, Athen, Orchomenos

- Paläste eher Festungen mit Mauern, Befestigungsanlagen

→ großer Eindruck auf Griechen

- zentralistisches System, Hierarchien; strenge Organisation von Burgen aus

- Vorläufer von bürokratischen und hierarchischen Strukturen:

→ Mykenischer König/Priester = Palastherr

→ auch Führer des Volkes/Heerführer

- Linear-B-Schrift: praktischer Zweck der Verwaltung

→ keine dauerhafte Archivierung, da weiche Tonplatten; wiederverwendbar

→ manche Tafeln durch Feuerstürme gehärtet → Erhalten geblieben

→ Entzifferung erstmals in 50ern

→ Sprache ist „Protogriechisch"

- Palast ist vielfältiges Zentrum:

→ Kultur, Beamtentum, Hauptquartier des Feldherrn

→ Mittelpunkt des zentralen Wirtschaftssystems

→ Lagerung von Rohstoffen, Nahrungsmitteln, Waffen, Werkzeugen....

→ Versorgung durch Handwerk

→ Zentrum der Produktion/des Handels

→ Gefäße als Transportobjekte und Tauschware

- Untergang der Kultur im 12. Jh. (flächendeckend)

→ alte Vermutungen (Invasionen, Revolutionen/Aufstände, Naturkatastrophen) heute überholt

→ heute: <u>mehrere Faktoren:</u>

1. Innere Schwäche durch Abhängigkeit von regelmäßigem Metallhandel; Aufwand

2. Begrenztheit der Landschaften

- letztlich nur 150 Jahre standhaft → erste Krise schon im 13. Jh. v. Chr.

→ enorme Ressourcenabhängigkeit; Landwirtschaft überfordert, Versorgung erschwert

→ kritischer Mangel an Metallen

→ jede Unterbrechung der Versorgung/des Handels Gefahr für Palastwirtschaft

→ auch Raubzüge, Konkurrenzkämpfe zwischen Palästen, Erdbeben

- Systemkollaps (spurlos untergegangen)

  - Schriftverlust

  - Entvölkerung, Bevölkerungsrückgang, jedoch überall unterschiedlich intensiv

- Danach: kleine, verstreute Siedlungen ohne jeglichen Palastcharakter

  - kleine Heerkönige, Fürsten

  - kleinteilige Formen von Gebietsherrschaft

  - einfache Gesellschaftsstrukturen; ähnelt Griechenland im 8. Jh. v. Chr.

- Beginn des dunklen Jahrhunderts

  - Mangel an schriftlichen Quellen durch Schriftverlust

  - Aufgabe/Ausdünnung von menschlichen Siedlungen

  - Beispiele Nichoria und Lefkandi

VL 5: Der Epos: Odyssee und Ilias als historische Quellen

- Autor beider Epen <u>Homer</u>
- Tradierungsprozess erfolgreich überstanden
- <u>Homer</u>
  - keine zuverlässige Aussage über Person, möglicherweise 2 Verfasser
  - kurz nach Einführung der Schrift um 700 v. Chr.

- 8. Jh. als Neuanfang

  - Kontakte zu Phönikiern

  - modifizierte Übernahme des Phönikischen Alphabets

  → enge Kontakte von Griechen und Phönikiern

  → feste Zahl von Zeichen (Vokale und Konsonanten)

  → Schrift leicht erlernbar, universal und flexibel

  → auch Grundlage für lateinisches Alphabet

  → zuerst Inschriften auf Gegenständen, dann schnelle Verbreitung

- Ende des 8. Jh. regionale Ausbreitung mit regionalen, aber überall lesbaren Varianten

- Ilias 15.600 Verse im Hexameter, Odyssee 12.000 Verse

- Ilias

  - Krieg der vereinten Griechen gegen Troja (Agamemnon vs. Priamos)

  - 51 Tage im 10. Jahr der Belagerung Trojas

  - Zorn des Haupthelden Achilleus

  - Agamemnon nimmt Achilleus Kriegsbeute weg und beendet somit den Krieg

  - ohne Achilleus Niederlage der Griechen

  - Vermittlungsversuche anderer griechischer Helden

- Odyssee

  - die letzten 40 Tage des Trojahelden Odysseus, 10 Jahre nach Belagerung Trojas

  - Irrreise Odysseus

- Paralleler Handlungsstrang beider Epen (Kampf um Frau/Position auf Insel)

- Geschichten schon lange vor Verschriftlichung durch mündliche Überlieferung existent (durch Sänger)

- Epen keine realistische Darstellung der griechischen Welt

  - Epen erinnern vordergründig an mykenische Kultur, hintergründig nur vage Erinnerungen an diese

  - Verschriftlichung als Innovation des 8. Jh. v. Chr. → Vereinheitlichung

  - Sänger passten Gesänge stets an Zeit an (Einbettung in „normale" Umstände)

- Helden

  - Hervorhebung der Helden göttlicher Abstammung

- Hauswirtschaften Oiken

- soziale und wirtschaftliche Einheit

- Normen der bäuerlichen Lebensgemeinschaften; gegenseitige Solidarität

- Bauern selbst frei, gelegentliche Abgaben an Aristokratie

→ keine rechtlichen Abhängigkeitsverhältnisse

- Bauern wichtiger Teil des Heers (Hoplitenphalanx)

VL 6 Die Entstehung der Polis: Urbanität und soziale Strukturen

- Polis von abgegrenzter räumlicher Gliederung

  - an konkrete Verhältnisse angepasst

  - private Räume/öffentliche Räume

  - Ausgrenzung der Toten außerhalb der Stadt

  - religiöse/profane Räume

- Polis als Stadtstaat

  - eher kleines, überschaubares Gebilde mit wenigen hundert Vollbürgern

- Struktur wie Staat

  - Autonomie, Bürgerschaft, eigenes Territorium, eigene Gesetzgebung, außen- und militärische Autonomie, eigene Münzprägung

  - Polis als vorherrschende Form staatlicher Organisation

  - Polis durch Mauer/Türme sicher gegen Außenwelt mit eigener Infrastruktur

  - Hafen, Akropolis, Tempel, Straßen, Plätze

  - Agora ist zentraler Versammlungsort für Volksversammlung

  → ab 6. Jh. v. Chr. Umbau im repräsentative Bauten mit bis zu 8000 Plätzen

  - Tempel: Enthält Kultbilder aus Bronze/Marmor zu Ehren der Götter

  → kein Ort des Gottesdienstes

  → Tempel als Kultgemeinschaft der Polis, gemeinsame Anstrengung der Polis; Prestigeobjekt

→ Gottesdienste, Kulte jedoch im Freien abgehalten

- ab 8. Jh. <u>Bestattungen</u> außerhalb der Stadtmauern; Trennung von Raum der Toten und Lebenden, Tote sind unrein
→ Bestattungen der Aristokratie reich inszeniert
- <u>Sklaven in der Polis</u>
  - keinerlei Rechte in der Gesellschaft, keine Möglichkeit aufzusteigen
  - drastischste Form der Ausgrenzung
  - können nicht frei werden, sind Willkür des Besitzers ausgesetzt
  - Kriegsgefangen, Menschenraub durch Piraten…
  → später auch organisierte Sklavenmärkte, konnten stets weiterverkauft werden
  - Spartaner versklavten ganzes Nachbarvolk
  - Sklaverei allgegenwärtig, ohne Sklaven Erfolg der Poleis fragwürdig
- <u>4 Soziale Gruppen in Polis:</u>
  - <u>Vollbürger</u>; frei und alle politischen Rechte (erwachsene Männer)
  - <u>Frauen</u>: frei, nur passive Bürgerrechte, keine politischen Rechte
  - <u>Beiwohner, Fremde</u>: frei, keinerlei politische Rechte (Metöken in Athen)
  - <u>Sklaven</u>: unfrei, d. h. abhängig, keinerlei Rechte, vergegenständlicht

VL 7 Die Festigung der Polis: Institutionen und Verfahren

- Demokratie, Oligarchie (Herrschaft der Wenigen), Aristokratie (Kleine adelige, reiche Herrschergruppe)

<u>Politische Strukturen:</u>
- Ämter (permanent) mit sachl. Zuständigkeiten (Rechtswesen, Finanzen)
  → starke zeitliche Befristung auf 1 Jahr
- Ratsorgane: Vorberatung in kleinen Ratsgremien, erwachsene Bürger, jeder hat Stimmrecht
- Volksversammlung: Versammlung aller männlichen Vollbürger, jeder hat Stimmrecht

- Vorher: <u>Basileus</u> (König)
  - Heerführer, Vermittler, Verbindung zu den Göttern
  - bis ca. 700 v. Chr. existent
  - meist adeliger Herkunft; dann ersetzt durch Gruppe von Aristokraten
- Ab 700 <u>Aristokraten</u> ersetzten Basileus
  - für Tätigkeiten im Allgemeinwesen nicht bezahlt
  → Politik nur wohlhabenden möglich

- immer stärkere zeitliche Begrenzung (1 Jahr)
- Differenzierung durch Schaffung unterschiedlicher Beamtenstellungen
→ Trennung von Funktionen

- Beamtenstruktur der Aristokratie:
- 9 Archonten (Überbeamten)
- 1 Polemarchos (Heerführer)
- 1 Basileus (Kult/Religion)
- 1 Archon Eponymus (nachdem sich Jahreszählung richtete)
- 6 Thesmotheten (Gerichtsbeamten, Rechtsprechung und -setzung)

- Ab 7./6. Jh. v. Chr. größerer Handlungsbedarf denn:
- Siedlungsgründungen und Wachstum
- komplexere Heerführung
- komplexere Rechtsprechung

- Aristokratie:
- starke Wettbewerbsehtik → je stärker, desto mehr Einfluss
- gegen Machtmissbrauch:
1. Beamtenstellen müssen mehrfach besetzt werden
2. fkt. Differenzierung: keine umfassenden Vollmachten
3. Amt auf ein Jahr begrenzt
- Strafen bei Machtmissbrauch, Ausschluss, Verbannung
→ Beamtenstellen als Sprungbrett für Karriere ungeeignet

- Ratsorgane:
- keine feste Teilnehmerzahl, auf Lebenszeit
- Athen: Rat tagte auf Hügel des Ares
→ gerichtliche Kompetenzen, kultische Funktion, Rechenschaft der Archonten, wenn „Prüfung" bestanden, dann Mitglied in Aeropag
- Sparta: Gerousia
→ Rat der Alten (ab 60 Jahre), 30 Mitglieder
- erst Nachfolge, wenn einer stirbt
- insgesamt eher niedrige Lebenserwartung

VL 7 Die Krise der Polis: Kolonisation und Tyrannis

- Krise der archaischen Zeit

- Überschuldung der Bauern → Soziale Frage

- Machtkämpfe der Aristokraten

- Bürgerkriege innerhalb der Polis

1. Soziale Frage

- Durch Vererbung werden Grundstücke immer kleiner

  - Ertrag reicht nicht mehr zum Leben aus

- Bauern leihen sich von Nachbarn Güter

  - Überschuldung, Verlust von Land und Freiheit

- 90 % in Landwirtschaft tätig

- Großes Bevölkerungswachstum

  → Gesellschaftliche Veränderungen

  → Knappheit landwirtschaftlicher Flächen, klimatische Kapriolen, Knappheit landwirtschaftlicher Güter

- Beispiel: Solon von Athen 594 v. Chr.

  - Beamter in Volksvertretung, Gedichte mit politischen Inhalten

  → Verarmung, Versklavung, Abdriften in Sklaverei durch Überschuldung

  - Teil der Bauern überschuldet durch Überschuldung, Schuldsklaverei

  → bei absoluter Verschuldung Verkauf des Schuldners als Slaven an andere Polis

  - Gefahr der Herrschaft der Reichen durch Versklavung der Armen

- Solons Reform zur Sicherung des sozialen Friedens

  - Erlass aller Schulden, Abschaffung der Schuldknechtschaft
  - Solon kein Vater der attischen Demokratie
  - jedoch: Wiederherstellung der Polisgemeinschaft, feier, gleicher von einander unabhängiger Bürger

2. Aristokratie

- Vorliebe der Aristokratie für Kunst/Kultur
- Eleganz, Schönheitsideale
- Gastmähler, Sport, Feste, Gesang, Pferdehaltung, Wagenrennen
  → Freiheit von Zwang der Arbeit
- Auch Absteiger in Gesellschaft der Aristokratie
  - Gewaltsame Auseinandersetzungen zwischen Bürgertruppen
  - Gesellschaft nicht auf Ausgleich, sondern Ehre, Pflicht und Vergeltung aus
  - Unterlegene müssen Poleis verlassen
- Große Kolonisation

- ab 700 erste Kolonisation an Mittel- und Schwarzmeerküsten
- Prozess sehr komplex; Initiative einzelner Aristokraten
→ neue Einflussmöglichkeiten; Reichtum außerhalb der Polis
- auch Initiative der Bürgerschaften; Anführer Oikist
- Koloniegründung: Besetzung fremden Landes, Legitimation durch die Götter
- zunächst Freiwillige, manchmal auch zwangsweise
- Stadtneugründung, provisorische Befestigungen, Agora, Tempel
→ Verteilung des Landes an Kolonisten
- Beziehungen der Griechen zu Urvölkern unterschiedlich
→ Versklavung, Unterwerfung, Konflikte
→ oder: Handel, friedliche Beziehungen, z. T. sogar Übernahme religiös. Kulte
- altes Bürgerrecht verfällt, neues gültig
- Orientierung d. Kolonien an Mutterstädten oder Nachahmung von Nachbarstädten
→ Gleichzeitig Konsolidierung der Polis + Kolonisation = Erfolg

3. Entstehung der Tyrannis
- Siehe Athen, Korinth
- skrupellose Gewaltherrschaft
- Monopolisierung der Herrschaft durch eine bestimmte Adelsgruppe
→ Legitimationskrise
- Kypelos stürzt Herrschaftsgruppe

VL 9 Das Persische Weltreich (559-330 v. Chr.)

- kleinasiatische Poleis an ionischer Küste (Herrschaft des lydischen Königs, weitgehende Selbstständigkeit, Austausch)
- Perser/Medern letzte großen indoeuropäische Einwanderungswellen
- Machtübernahme des **Kyros II** als Bedrohung: Beginn der Herrschaft des **Persertums**
- 547-539: aggressive **Expansion** nach Kleinasien, viele Eroberungen (Sardes, Lyderreich, Ausgreifen bis nach Indien, Neubabylonisches Reich); Folgen: nun persisch, Verlust der Eigenständigkeit
- Kyros II: Machtwillen, **Weltherrschaftsanspruch**,
- **Kambyses** (522-529): Eroberung von Ägypten
- persisches Weltreich innerhalb **30 Jahren**, vorerst keine innere Einheit (Aufstände, Kriegszüge, finanzielle Belastung, **Instabilität**)
- **König Dareios I.** (521-486): Unterstützung des Reichsadel, gewaltsamer Widerstand, neue zentralisierte Verwaltung (Reform: innere Stabilität)

- 20 **Satrapien** (Steuer/Verwaltungsbezirke, Unterkönigtümer),
- **Beamtenapparat,** inhomogen, Kontrolle der Satrapen
- **Bau von Persepolis:** riesige Residenzstadt, Regierungssitz
- ==> Balance zw. Zentralität/Hierarchie + lokaler Autonomie

- Griechen: widernatürlicher Koloss, **Barbaren**

- Ionischer Aufstand (500)

- von Milet (mächtig, bedeutende Polis kleinasiatischer Küste) gegen pers. Herrschaft
- **Aristagoras:** Niederlegung Tyrannis, freiheitl. Ordnung, Aufruf zum Widerstand der ion. Griechenstädte
- „nationaler" **Freiheitskampf** der Griechen (hellenische Kultur vs. Barbarei, Autonomie vs. Despotie, Freiheit vs. Knechtschaft), dennoch: Griechen arbeiteten in pers. Diensten (Architekten/Künstler)
- **Motiv: Streben nach Freiheit und Isonomie (Gleichheit) der Bürger**

- Perserkriege

- Auslöser: **Ionischer Aufstand,** Zusammenschluss der G. (Polis), Übermacht der Perser, erfolgreiche Führung Athens/Spartas, wirtschaft./kultureller Augschwung
- Griechenland im Visier der Perser (492): Plan eines **Rache- und Eroberungsfeldzuges** gegen Griechenland (Beteiligung **Athen/Eretrias**); Sicherheitsrisiko; **Ultimatum:** Erde/Wasser = Zeichen der Unterwerfung übergegeben, Minderheit dafür, dagegen Sparta/Athen; **Aufrüstung**
- vorbereitende Maßnahmen: Sicherung Thrakien/Makedoniens (492), Vorherrschaft in nördl. Ägäis, Landweg nach Griechenland
- **Erster Perserzug (490)**

- Flottenexpedition, Ziel: Unterwerfung der am IA beteiligten Städte, **Naxos, Eretria** (Zerstörung), trotz zahlenmäßiger Überlegenheit der Perser, Sieg der Athener
- **Schlacht bei Marathon** (490): Persische Flotte an griech. Küste, Rat von **Miltiades** (hohes Ansehen): Athener Gegenzug, Überlegenheit der athen. **Hoplitenphalanx** (leicht bewaffnete Perser), **Sieg der Athener**, Rückzug der Perser (Auseinandersetzung noch nicht überwunden)
- **Xerxes** nimmt Ziel auf: Bündnis mit Karthago, lange geplant, **Angriff zu Land/See**, Bau eines Kanals, Aufrüstung (100 000 Mann, 600 Schiffe)

- auch Vorbereitung der Griechen: **Ausbau der Flotte** (**Themistokles** nach Tod von Mitiades größten Einfluss)
- Aufforderung zum ultimativer Unterwerfung (Uneinigkeit/Zerrissenheit der Griechen), nur **Minderheit** stellt sich Persern
- **Helenenbund:** antipersisches Schutzbündnis, innergriech. Sonderfrieden von 30 Städten/Athen/**Sparta**/Korinth/peloponnesische Verbündete (481), Chance gering
- dreitägiger Kampf, **Schlacht an den Thermophylen** (480): Sieg der **Perser** über Landtruppen des König Leonidas, Kampf der griech. Flotte am **Kap Artemision**, Rückzug der griech. Flotte; Symbol für griech. (spart.) Widerstandsgeist
- Athener setzen nun ganz auf Flotte (zahlenmäßige Unterlegenheit), neue Formierung bei Salamis, **Seeschlacht bei Salamis** (480): geschicktes Manövrieren, Perser in Meerenge gelockt, Sieg der Griechen, pers. Flotte Rückzug, pers. Landheer noch erfolgreich (Zerstörung von Athen), milit. Kräfteverhältnis nun ausgewogen
- Griechische Erfolge bei Schlacht von **Plataiai** (479) und **Mykale**: Niederlage pers. Landheer/Restflotte, langfristige Schwächung
- Hellenbund: von Defensive in Offensive, **Samos-Konferenz**: Zerreißprobe, Athener für Erhalt/Schutz der Poleis in Kleinasien, nur ägäische Inselstaaten, ungelöst

Themistokles

- Sieger der Seeschlacht **Salamis**, Wegbereiter der AD, Initiator des athen. Flottenbaus
- großes **Flottenbau**programm ab 483 (Demokratisierungsschub auswirkend), 200 Schiffe, Bedarf an Marinepersonal = erhöhte Kriegsdienstteilnehmer (Wehrpotential)
- militärstrategisches/polit. Konzept mit Stärkung der **gesamten Bürgerschaft**

Fazit

- ungleicher Kampf (**kleines G. vs. pers. Weltreich**), zugunsten der Griechen
- **Griechen**: bessere Ortskenntnis, Nutzung geograph. Vorteile (Thermophylen, Salamis), Schiffe wendiger/überlegen im Nahkampf, Hoplitenphalanx, Abwehr einer existentiellen Bedrohung (Sein/Nichtsein), alle Kräfte!!
- **Perser:** schwerfällige Schiffe, leichte Bewaffnung, bloßer Eroberungskrieg; Ziel: Unterwerfung der aufständischen Griechen, keine Auslöschung der Kultur
- **Stärkung des griech. Selbstbewusstseins, Athen** = unumstrittene, führende **Seemacht** (wirt./kult. Aufschwung), Vorherrschaft nach Rückzug Spartas (ab 479)

Athen nach Sturz der Tyrannis

- Kampf um Vorherrschaft zweier Aristokraten (**Isagoras vs. Kleistenes**: typisch adelige Dynasten, wohlhabende Herkunft, weit reichende Beziehungen)

- aristokrat. Verhalten: Stützung auf adelige Freundschaftsgruppen (**Hetairien** = Gefährten), Bauernschaft, jedoch nur sporadische Aktualisierung
- archaische Zeit: VV selten, unregelmäßig, Problem: ungewöhnliche Größe, des athenischen Territoriums, Mobilisierung des Demos unter best. Umständen möglich
- **Kleisthenes:** Verbindung eigener Interessen mit breiter Schicht, Nutzen der Unzufriedenheit, Mehrheit des Volkes (demos): **509/8 Präsentation seines Projektes** (Neugestaltung des Bürgerverbandes in Athen), Oberhand
- Pläne Isagoras: mit milit. Hilfe der Spartaner, **Oligarchie**, aber keine Realisierung, da spontane Volkserhebung: Bürger zwingen Isagoras (seine Verbündete) ins Exil
- Realisierung seines Reformprojekts, Herodot: Aufnahme des Volks in Hetarie

Kleisthenes (509/507) = Begründer der athen. Demokratie

- Reform: **Isonomia** (gleichmäßige Verteilung): mög. gleichberechtigte Partizipation aller Bürger am polit. Leben, Einbindung **breiterer Schichten**

- **aristokratisch-timokratische Elemente**, Schritt in Entwicklung der athen. Demokratie/Verfassung, volle Ausbildung unter Perikles

- **139 Demen** (Gemeinden, Bürger eines best. Stadt/Landesbezirks, lokale Selbstverwaltungseinheiten, Gemeindekasse/Kulte, versch. Größen) **Demoten** (Demenversammlung, lokale Angelegenheiten, selbstständig, Wahl des Gemeindevorstehers (**Demarch,** jährlich), athenisches Bürgerrecht?, Kandidaten für Ämter/Richter, **Bürgerlisten** (= Grundlage für Einberufung der Soldaten) = **Basis der neuen polit. Ordnung**

- artifizielle Ordnung: Demen zu drei regionalen Einheiten zugeordnet (**Trittys** = **Drittel**): **Athen** (Umland), **Binnenland, Küstengebiet**
- 3 untersch. Trittys (jede Region) durch Auslosung in jeder Phyle (10), lediglich Name, nun territoriales Gliederungsprinzip, weiterhin Vermögensklassen
- Einflussmöglichkeiten adeliger Familien verhindert/reduziert

Veränderung der Verfassung

- **Rat der 500** (50 Mitglieder pro Phyle, für 1 Jahr)

- 50 Abgeordnete jeweils einer Phyle (ausgelost, Zehnteljahr) = **Prytanie** (geschäftsführender Ausschluss), Vorsitzender (**Epistates**): 24 h „Staatschef", mind. einmal **VV** (eigene Lenkung, Vorlagen zur Beschlussfassung)

- Beamtenkollegium der 9 Archonten: Archon bei Mitgliedschaft der ersten/zweiten Vermögensklasse (timokratisches Prinzip), Beliebigkeit des **Losverfahrens** Machtverlust Archontenkollegium/Areopag, Strategen (VV, Wiederwahl möglich, Schlüsselposition)

- **Ekklesia:** Wahl der 10 **Strategen** (einer pro Phyle) = Heerführer, unter Oberbefehl des Archon Polemarchos (Führer im Krieg)

- **Ostrakismos:** Scherbengericht, Schutz gegen erneute Tyrannis, spezielle Form der Volksabstimmung, kein Strafgericht, Verdacht, Verbannung auf 10 J. aus Stadt, polit. Vorsichtsmaßnahme (keine Verurteilung), bürgerl. Rechte/Vermögen weiterhin; Hände der Gesamtbürgerschaft (Zugewinn an Mitspracherecht)

<u>Fazit</u>

- **Präsenz/Partizipation der Bürgerschaft in Politik**/Routineangelegenheiten (Kontrolle), **Politisierung der Bürgerschaft** (Regelmäßigkeit/Selbstverständlichkeit)
- Bürger aus allen Landesteilen Zwang zur Kooperation, (Kompromisse), partikulare Interessen weitgehend neutralisiert, intensiver Austausch von Infos
- Versuch, Partikularinteressen (Zugehörigkeit), Isolation/Passivität der Bürgerschaft zu überwinden; gleichmäßige Verteilung der Bürger (Mischung)